Impressum
Verlag: BABADADA GmbH, Nedderfeld 112 , 22529 Hamburg
Geschäftsführer / Verlagsleitung: Harald Hof
Druck: Books on Demand GmbH, In de Tarpen 42, 22848 Norderstedt

Imprint
Publisher: BABADADA GmbH, Nedderfeld 112 , 22529 Hamburg, Germany
Managing Director / Publishing direction: Harald Hof
Print: Books on Demand GmbH, In de Tarpen 42, 22848 Norderstedt

σχολείο

scol

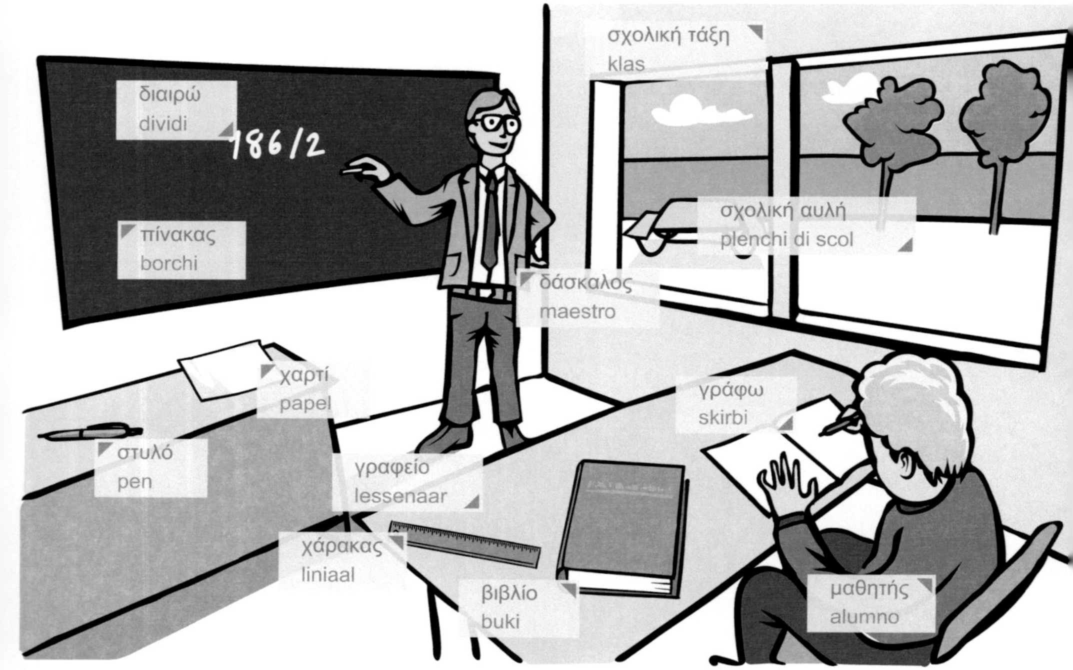
σχολική τάξη
klas
διαιρώ
dividi
186/2
πίνακας
borchi
σχολική αυλή
plenchi di scol
δάσκαλος
maestro
χαρτί
papel
γράφω
skirbi
στυλό
pen
γραφείο
lessenaar
χάρακας
liniaal
βιβλίο
buki
μαθητής
alumno

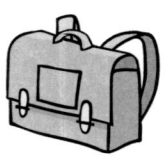

σχολική τσάντα

tas di scol

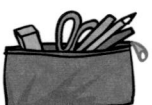

κασετίνα/ μολυβοθήκη

etui

μολύβι

potlood

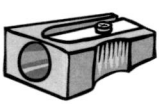

ξύστρα

slijper

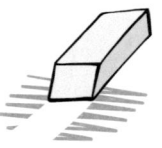

γόμα

gum

μπλοκ ζωγραφικής

buki di pinta

ζωγραφική

pintura

πινέλο

cuashi

κουτί χρωμάτων

caha di verf

ψαλίδι

sker

κόλλα

lijm

τετράδιο ασκήσεων

schrift

εργασία για το σπίτι

huiswerk

αριθμός

number

προσθέτω

suma

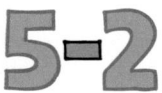

αφαιρώ

kita

πολλαπλασιάζω

multiplica

υπολογίζω

conta

γράμμα

letter

αλφάβητο

alfabet

λέξη

palabra

κείμενο

texto

διαβάζω

lesa

κιμωλία

krijt

μάθημα

les

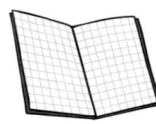

εγγράφομαι

klassenboek

τεστ

examen

πιστοποιητικό

diploma

μαθητική στολή

uniform di scol

εκπαίδευση

estudio

εγκυκλοπαίδεια

enciclopedia

πανεπιστήμιο

universidad

μικροσκόπιο

microscop

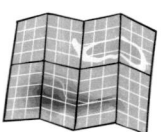

χάρτης

mapa

καλάθι αχρήστων

bari di sushi

ξενοδοχείο
hotel

Grand

ξενώνας
posada

ROOMS

ανταλλακτήρια συναλλάγματος
oficina di cambio

€CHANGE

βαλίτσα
maleta

αυτοκίνητο
auto

γλώσσα
idioma

ναι / όχι
si / no

εντάξει
bon

γεια σου
hallo

μεταφραστής
tolk

Ευχαριστώ
masha danki

πόσο κάνει ;

Cuanto esaki ta costa?

Δε καταλαβαίνω

Mi no ta compronde

πρόβλημα

problema

Καλησπέρα!

bon nochi

Καλημέρα!

Bon dia!

Καληνύχτα!

Bon nochi!

Αντίο

ayo

κατεύθυνση

direccion

αποσκευές

maleta

τσάντα

handbag

σακίδιο πλάτης

rugtas

καλεσμένος

huesped

δωμάτιο

camber

υπνόσακος

slaapzak

σκηνή

tent

τουριστικές πληροφορίες

informacion pa turista

παραλία

lama

πιστωτική κάρτα

credit card

πρωινό

desayuno

μεσημεριανό

cuminda di merdia

δείπνο

cuminda di anochi

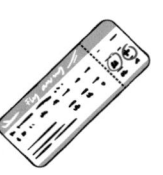

εισιτήριο

carchi

ανελκυστήρας

cabe'i boto

γραμματόσημο

stampia

σύνορα

grens

τελωνείο

duana

πρεσβεία

embahada

βίζα

visa

διαβατήριο

paspoort

μεταφορά
transport

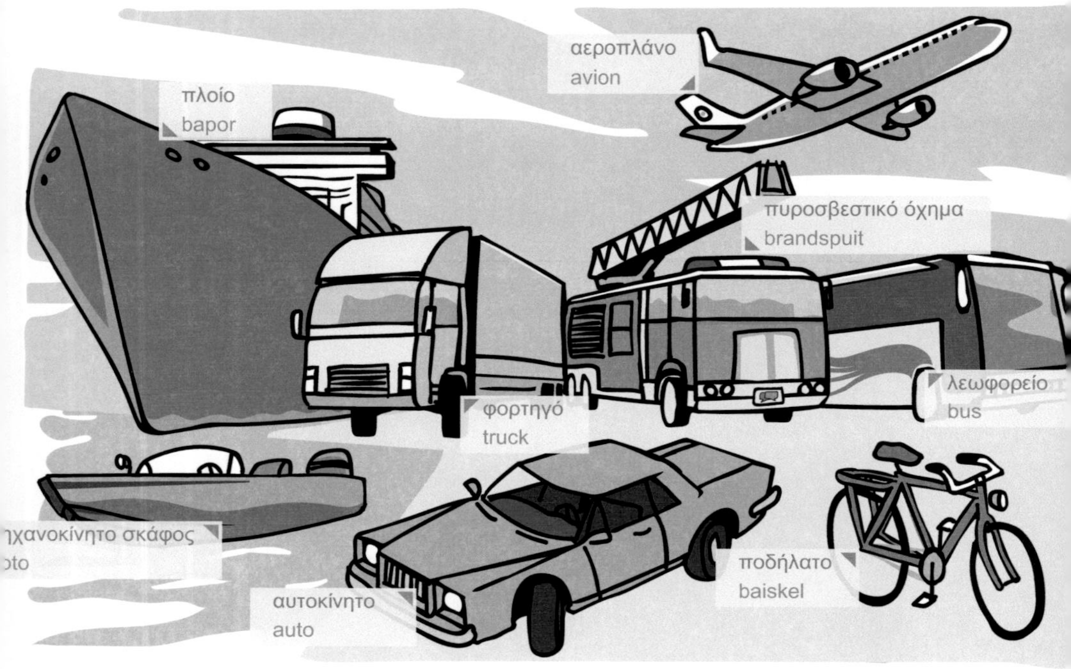
αεροπλάνο
avion
πλοίο
bapor
πυροσβεστικό όχημα
brandspuit
λεωφορείο
bus
φορτηγό
truck
ηχανοκίνητο σκάφος
ποδήλατο
baiskel
αυτοκίνητο
auto

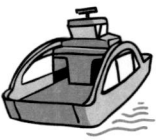

φεριμπότ

ferry

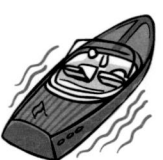

βάρκα

boto

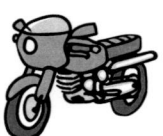

μοτοσικλέτα

brommer

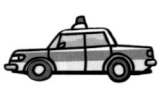

περιπολικό

auto di polis

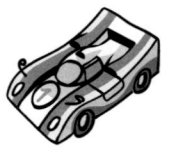

αγωνιστικό αυτοκίνητο

auto di careda

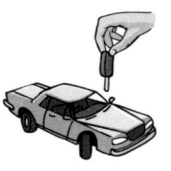

ενοικιαζόμενο αυτοκίνητο

auto di huur

διαμοιρασμός αυτοκινήτων

car sharing

γερανός

takelwagen

απορριμματοφόρο

dump truck

κινητήρας

motor

καύσιμο

gasolin

βενζινάδικο

pomp di gasolin

πινακίδα σήμανσης

borchi di trafico

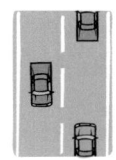

κυκλοφορία

trafico

κυκλοφοριακή συμφόρηση

fila

χώρος στάθμευσης

parkeerplaats

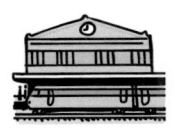

σιδηροδρομικός σταθμός

stacion di trein

σιδηροδρομικές γραμμές

riel

τρένο

trein

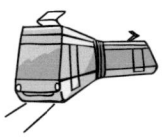

τραμ

tram

βαγόνι

wagon

ελικόπτερο

helicopter

αεροδρόμιο

aeropuerto

πύργος

toren

επιβάτης

pasahero

εμπορευματοκιβώτιο

container

χαρτοκιβώτιο

caha di carton

καρότσι

garoshi

καλάθι

macutu

απογειώνομαι /
προσγειόνομαι

lanta / baha

πόλη
ciudad

χωριό

pueblo

κέντρο της πόλης

centro di ciudad

σπίτι

cas

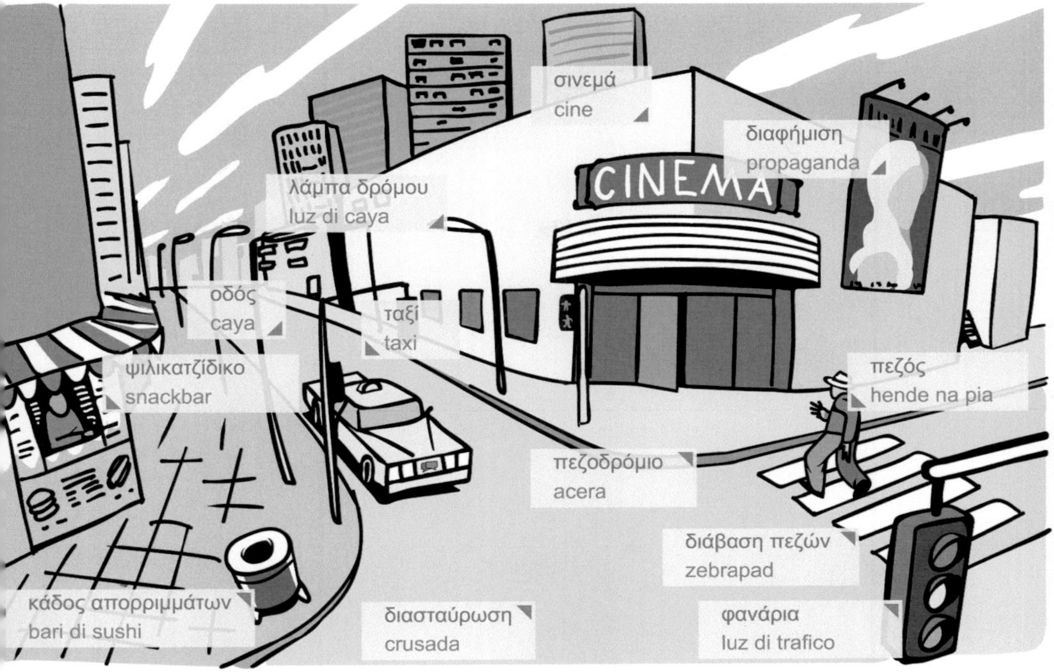

σινεμά
cine

διαφήμιση
propaganda

λάμπα δρόμου
luz di caya

οδός
caya

ταξί
taxi

CINEMA

πεζός
hende na pia

ψιλικατζίδικο
snackbar

πεζοδρόμιο
acera

διάβαση πεζών
zebrapad

κάδος απορριμμάτων
bari di sushi

διασταύρωση
crusada

φανάρια
luz di trafico

καλύβα
hut

διαμέρισμα
flat

σιδηροδρομικός σταθμός
stacion di trein

δημαρχείο
stadhuis

μουσείο
museo

σχολείο
scol

πανεπιστήμιο

universidad

τράπεζα

banco

νοσοκομείο

hospital

ξενοδοχείο

hotel

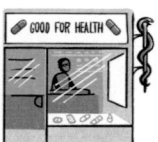

φαρμακείο

botica

γραφείο

oficina

βιβλιοπωλείο

boekhandel

κατάστημα

tienda

ανθοπωλείο

floresteria

σούπερ μάρκετ

supermarket

αγορά

mercado

πολυκατάστημα

department store

ιχθυοπωλείο

bendedo di pisca

εμπορικό κέντρο

shopping center

λιμάνι

haf

πάρκο

park

παγκάκι

banki

γέφυρα

brug

σκάλες

trapi

μετρό

metro

τούνελ

tunnel

στάση λεωφορείου

parada di bus

μπαρ

bar

εστιατόριο

restaurant

γραμματοκιβώτιο

postbox

πινακίδα δρόμου

borchi di nomber di caya

παρκόμετρο

parkeermeter

ζωολογικός κήπος

parke di bestia

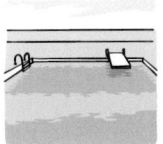

πισίνα

piscina

τζαμί

moskee

αγρόκτημα

cunucu

ρύπανση

polucion

νεκροταφείο

santana

εκκλησία

misa

παιδική χαρά

speelplaats

ναός

tempel

τοπίο

paisahe

φύλλο
blachi

πινακίδα κατεύθυνσης
borchi di direccion

δρόμος
caminda

λιβάδι
sabana

πέτρα
piedra

δέντρο
palo

πεζοπόρος
keirodo

ποτάμι
riu

χορτάρι
yerba

λουλούδι
flor

κοιλάδα

vallei

λόφος

sero

λίμνη

lago

δάσος

mondi

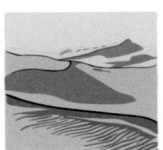

έρημος

desierto

ηφαίστειο

volcan

κάστρο

kasteel

ουράνιο τόξο

arco iris

μανιτάρι

paddenstoel

φοίνικας

palma

κουνούπι

sangura

μύγα

musca

μυρμήγκι

vruminga

μέλισσα

bij

αράχνη

haraña

σκαθάρι

tor

βάτραχος

dori

σκίουρος

eekhoorn

σκαντζόχοιρος

porcospina

λαγός

coneu

κουκουβάγια

shoco

πουλί

parha

κύκνος

zwaan

αγριογούρουνο

porco di mondi

ελάφι

bina

άλκη

eland

φράγμα

dam

ανεμογεννήτρια

molina di biento

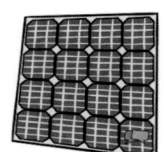

ηλιακός συλλέκτης

panel solar

κλίμα

clima

εστιατόριο
restaurant

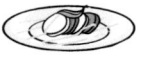

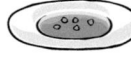

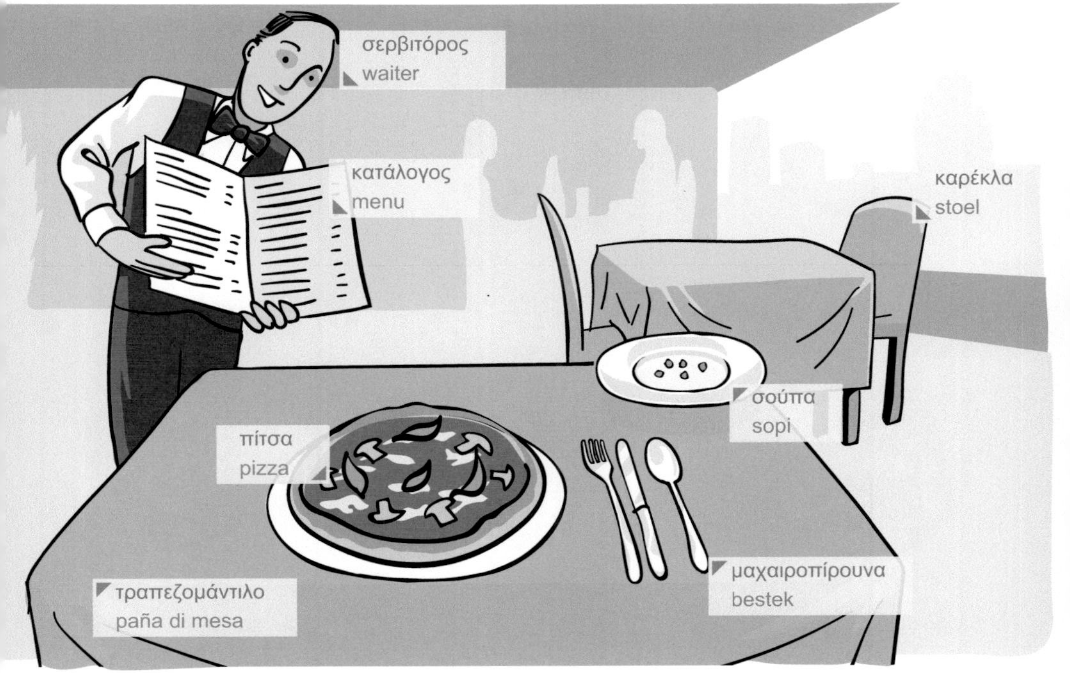
σερβιτόρος
waiter
κατάλογος
menu
καρέκλα
stoel
σούπα
sopi
πίτσα
pizza
μαχαιροπίρουνα
bestek
τραπεζομάντιλο
paña di mesa

ορεκτικό

aperitivo

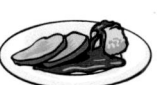

κύριο πιάτο

cuminda principal

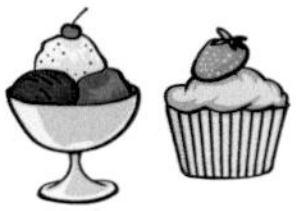

επιδόρπιο

dessert

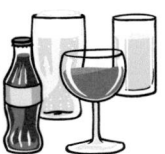

ποτά

bebida

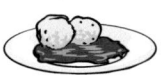

φαγητό

cuminda

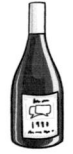

μπουκάλι

boter

φαστ φουντ

fastfood

φαγητό στ' όρθιο

streetfood

τσαγιέρα

canica di te

δοχείο ζάχαρης

pochi di sucu

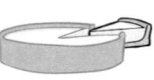

μερίδα

porcion

μηχανή εσπρέσο

espressomachine

ψηλή καρέκλα

stoel di mucha

λογαριασμός

cuenta

δίσκος

hasechi

μαχαίρι

cuchiu

πιρούνι

forki

κουτάλι

cuchara

κουταλάκι του τσαγιού

telep

πετσέτα φαγητού

napkin

ποτήρι

glas

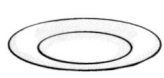

πιάτο

tayo

πιάτο σούπας

tayo di sopi

πιατάκι φλιτζανιού

scoter

σάλτσα

saus

αλατιέρα

pochi di salo

μύλος για πιπέρι

mulina di peper

ξύδι

binager

λάδι

azeta

μπαχαρικά

specerij

κέτσαπ

ketchup

μουστάρδα

mosterd

μαγιονέζα

mayonaise

σούπερ μάρκετ

supermarket

προσφορά
oferta special
FOR
πελάτης
cliente
γαλακτοκομικά προϊόντα
producto lacteo
φρούτα
fruta
καρότσι για ψώνια
garoshi di compra

BUTCHERS

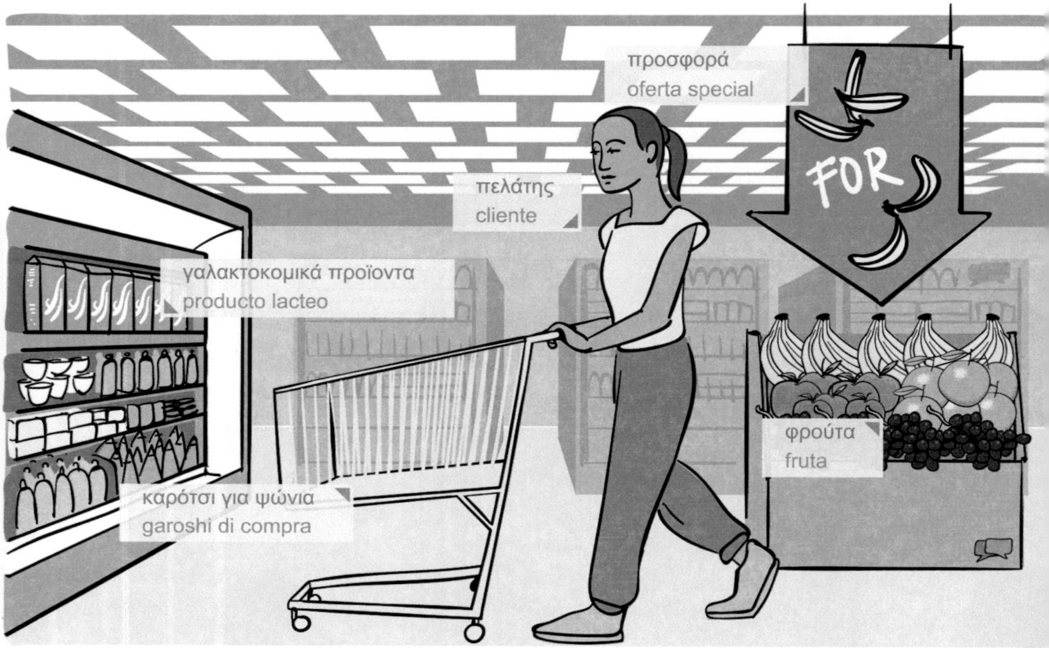

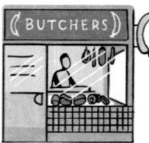

κρεοπωλείο

carniceria

BAKERY

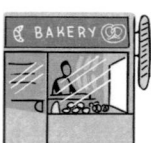

φούρνος

panaderia

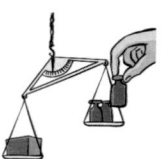

ζυγίζω

pisa

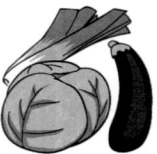

λαχανικά

berdura

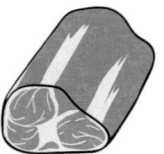

κρέας

carni

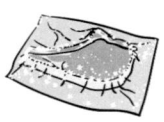

κατεψυγμένα τρόφιμα

frozen food

αλλαντικά

beleg di carni

κονσερβοποιημένη τροφή

cuminda di bleki

απορρυπαντικό ρούχων

detergente na puiro

γλυκά

mangel

οικιακά είδη

producto pa cas

καθαριστικά προϊόντα

articulo di limpiesa

πωλήτρια

bendedo

ταμείο

cahero

ταμίας

cahero

λίστα για ψώνια

lista di compra

ωράριο λειτουργίας

orario

πορτοφόλι

cartera

πιστωτική κάρτα

credit card

τσάντα

tas

πλαστική σακούλα

saco di plastic

νεϱό

awa

χυμός

juice

γάλα

lechi

κόκα κόλα

cola

κϱασί

biña

μπίϱα

cerbes

αλκοόλ

alcohol

κακάο

chocomel

τσάι

te

καφές

koffie

εσπϱέσο

espresso

καπουτσίνο

cappuccino

μπανάνα

bacoba

μήλο

appel

πορτοκάλι

apelsina

πεπόνι

milon

λεμόνι

lamunchi

καρότο

wortel

σκόρδο

conoflok

μπαμπού

bambu

κρεμμύδι

siboyo

μανιτάρι

mushroom

ξηροί καρποί

noot

νουντλς

pasta

μακαρόνια

spaghetti

ρύζι

aros

σαλάτα

salada

πατατάκια

batata hasa

τηγανητές πατάτες

batata hasa

πίτσα

pizza

χάμπουργκερ

hamburger

σάντουιτς

sandwich

κοτολέτα

cutlet

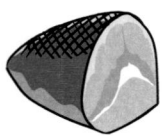

ζαμπόν

ham

σαλάμι

salami

λουκάνικο

soseishi

κοτόπουλο

galiña

ψητό

hasa

ψάρι

pisca

φαγητό - cuminda

χυλός βρώμης

papa

μούσλι

müsli

κορν φλέικς

cornflakes

αλεύρι

hariña

κρουασάν

croissant

ψωμάκι

pan rondo

ψωμί

pan

τοστ

toast

μπισκότα

cuki

βούτυρο

manteca

τυρόπηγμα

kwark

κέικ

bolo

αυγό

webo

τηγανητό αυγό

webo hasa

τυρί

keshi

παγωτό

ijscream

ζάχαρη

sucu

μέλι

honing

μαρμελάδα

jam

άλλειμμα σοκολάτας

pasta di chuculati

κάρυ

curry

αγρόκτημα

cunucu

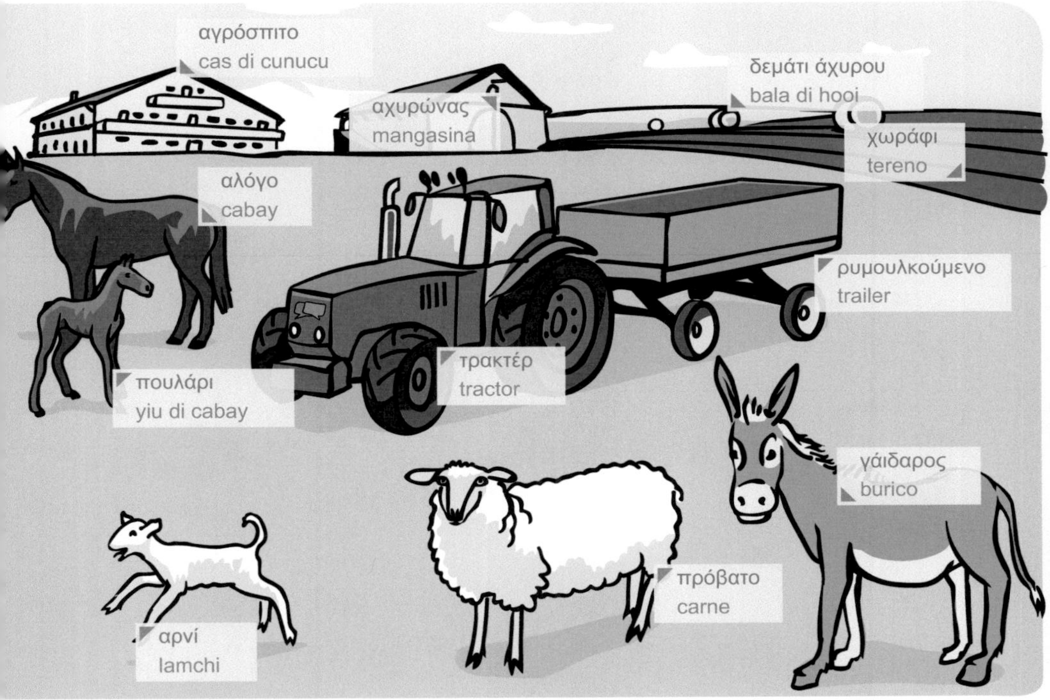

αγρόσπιτο
cas di cunucu
δεμάτι άχυρου
bala di hooi
αχυρώνας
mangasina
χωράφι
tereno
αλόγο
cabay
ρυμουλκούμενο
trailer
τρακτέρ
tractor
πουλάρι
yiu di cabay
γάιδαρος
burico
πρόβατο
carne
αρνί
lamchi

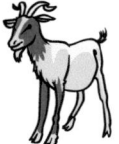

κατσίκα

cabrito

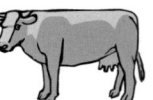

αγελάδα

baca

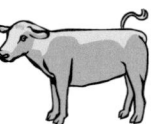

μοσχαράκι

bishe

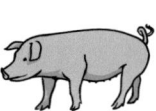

γουρούνι

porco

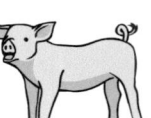

γουρουνάκι

yiu di porco

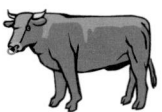

ταύρος

toro

χήνα

gans

πάπια

pato

κοτοπουλάκι

puyito

κότα

galiña

κόκορας

gay

αρουραίος

djaca

γάτα

pushi

ποντίκι

raton

βόδι

toro

σκύλος

cacho

σπιτάκι σκύλου

cas di cacho

λάστιχο κήπου

slang pa muha mata

ποτιστήρι

gieter

θεριστήρι

herment pa corta yerbe

αλέτρι

ploeg

δρεπάνι

garabati

τσάπα

chapi

δίκρανο

forki pa coy hooi

τσεκούρι

hacha

χειράμαξα

garetia

ταΐστρα

pesebre

δοχείο γάλακτος

canica di lechi

σάκος

saco

φράχτης

heki

στάβλος

stal

θερμοκήπιο

greenhouse

έδαφος

suela

σπόρος

simia

λίπασμα

mest

θεριζοαλωνιστική μηχανή

mashin di cosecha

θερίζω

cosecha

συγκομιδή

cosecha

γιαμς

yams

σιτάρι

trigo

σόγια

soya

πατάτα

batata

καλαμπόκι

maishi

κράμβη

canola

οπωροφόρο δέντρο

palo di fruta

μανιόκα

yuca

δημητριακά

grano

σπίτι

cas

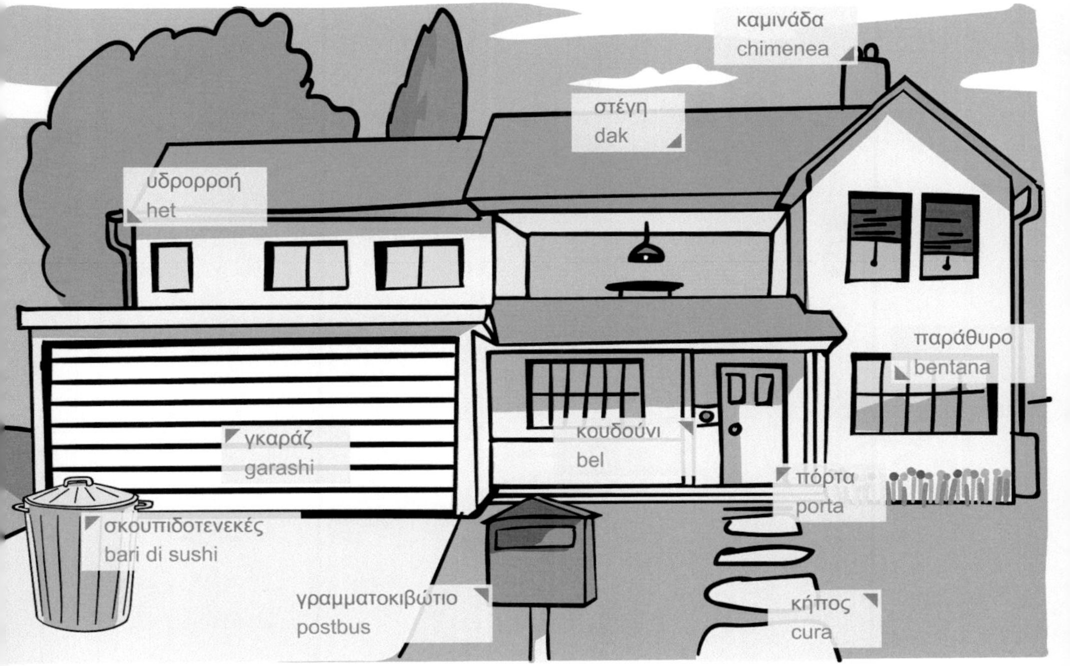
καμινάδα
chimenea
στέγη
dak
υδρορροή
het
παράθυρο
bentana
γκαράζ
garashi
κουδούνι
bel
πόρτα
porta
σκουπιδοτενεκές
bari di sushi
γραμματοκιβώτιο
postbus
κήπος
cura

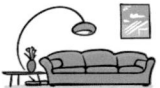

σαλόνι

sala

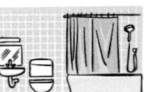

μπάνιο

baño

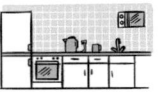

κουζίνα

cushina

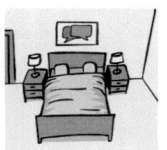

υπνοδωμάτιο

camber

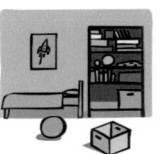

παιδικό δωμάτιο

camber di mucha

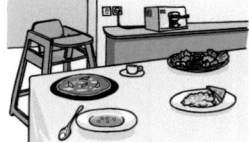

τραπεζαρία

comedo

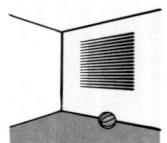	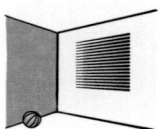	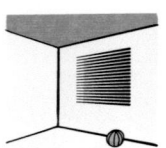
πάτωμα	τοίχος	οροφή
suela	muraya	blafon

κελάρι	σάουνα	μπαλκόνι
bodega	sauna	balcon

βεράντα	πισίνα	μηχανή του γκαζόν
terasa	piscina	mashin di corta yerba

σεντόνι	κάλυμμα κρεβατιού	κρεβάτι
laken	bedsprei	cama

σκούπα	κουβάς	διακόπτης
basora	hemchi	switch

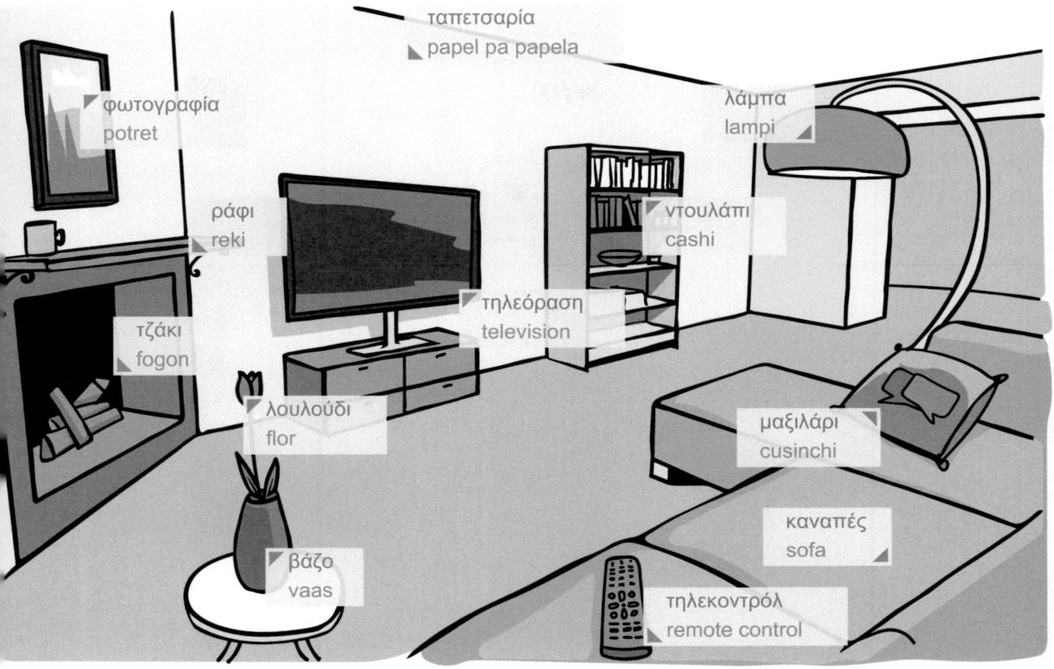

ταπετσαρία
papel pa papela

φωτογραφία
potret

λάμπα
lampi

ράφι
reki

ντουλάπι
cashi

τζάκι
fogon

τηλεόραση
television

λουλούδι
flor

μαξιλάρι
cusinchi

βάζο
vaas

καναπές
sofa

τηλεκοντρόλ
remote control

χαλί
tapijt

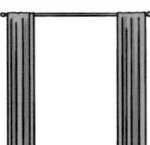

κουρτίνα
cortina

τραπέζι
mesa

καρέκλα
stoel

κουνιστή πολυθρόνα
stoel di zoya

πολυθρόνα
stoel

βιβλίο
buki

κουβέρτα
dekel

διακόσμηση
decoracion

καυσόξυλα
palo pa kima

ταινία
film

στερεοφωνικό σύστημα
stereoset

κλειδί
yabi

εφημερίδα
corant

πίνακας ζωγραφικής
cuadra

αφίσα
poster

ραδιόφωνο
radio

σημειωματάριο
blocnote

ηλεκτρική σκούπα
stofzuiger

κάκτος
cadushi

κερί
bela

κουζίνα
cushina

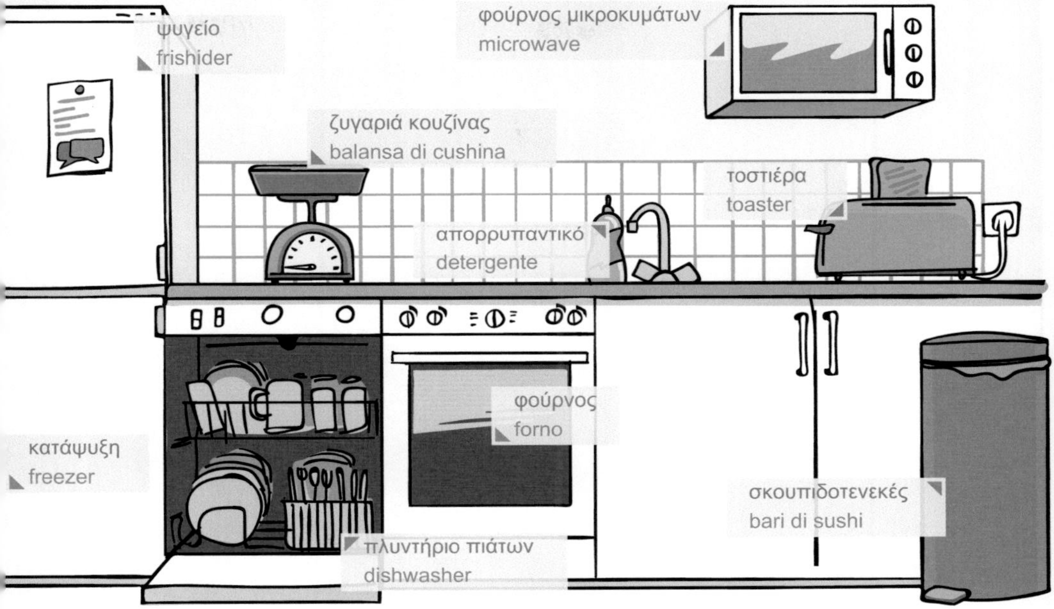

ψυγείο
frishider
φούρνος μικροκυμάτων
microwave
ζυγαριά κουζίνας
balansa di cushina
τοστιέρα
toaster
απορρυπαντικό
detergente
φούρνος
forno
κατάψυξη
freezer
σκουπιδοτενεκές
bari di sushi
πλυντήριο πιάτων
dishwasher

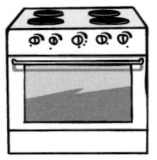

κουζίνα

stoof

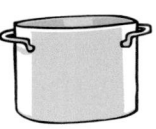

κατσαρόλα

wea

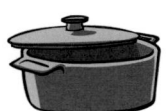

μαντεμένια κατσαρόλα

wea di hero

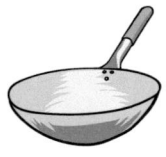

γουόκ/καντάι

wok

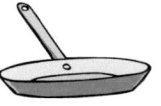

τηγάνι

planchi

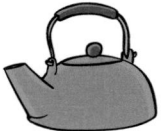

βραστήρας

ketel

ατμομάγειρας

steamer

ταψί

teblachi pa horna

πιατικά

servies

κούπα

beker

μπολ

conchi

ξυλάκια

chopstick

κουτάλα

cuchara di sopi

σπάτουλα

spatula

ανακατεύω

garde

σουρωτήρι

scurido

σουρωτηράκι

colado

τρίφτης

raspa

γουδί

fenso

ψησταριά

barbecue

ανοιχτή φωτιά

candela

σανίδα κοπής

planki pa corta

πλάστης

rostok

ανοιχτήρι φελλών

kurkentrek

κονσέρβα

bleki

ανοιχτήρι κονσέρβας

cos di habri bleki

γάντι φούρνου

pannenlap

νεροχύτης

wasbak

βούρτσα

skeiro

σφουγγάρι

spons

μπλέντερ

blender

καταψύκτης

freezer

μπιμπερό

tetero

βρύση

cranchi

μπάνιο

baño

θέρμανση
verwarming
πετσέτα
serbete
ντους
douche
κουρτίνα ντους
cortina di douche
αφρόλουτρο
baño di scuma
μπανιέρα
badkuip
ποτήρι
glas
πλυντήριο ρούχων
wasmashin
βρύση
cranchi
πλακάκια
mosaik
γιογιό
pot
νεροχύτης
wasbak

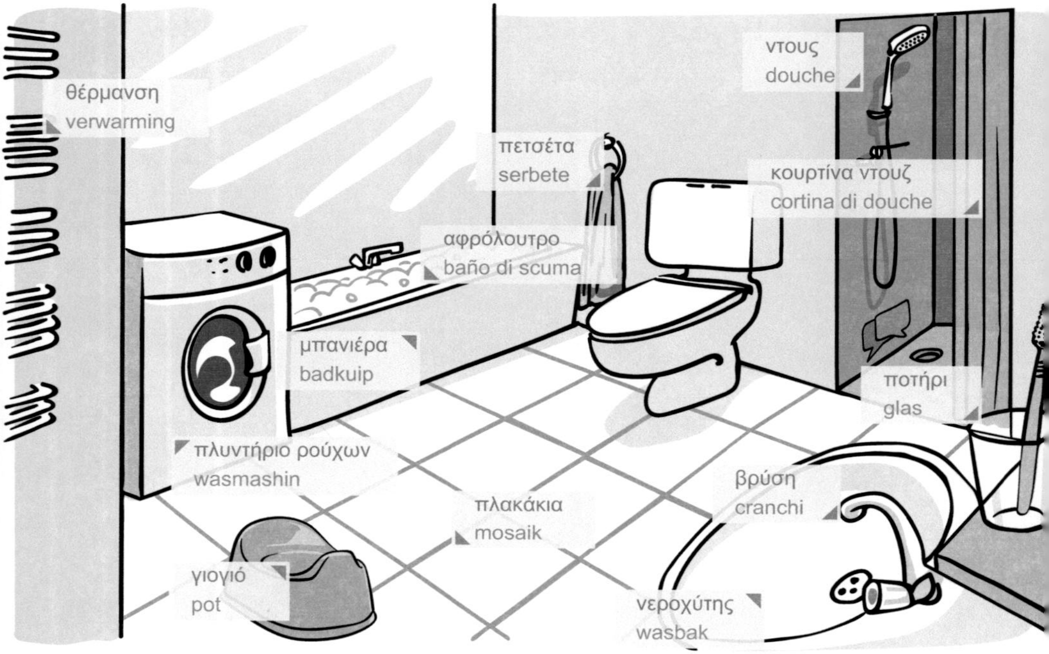

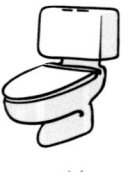

τουαλέτα

tualet

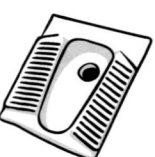

τούρκικη τουαλέτα

hurktoilet

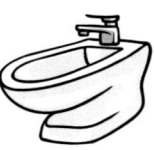

μπιντές

bidet

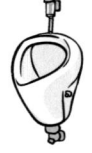

ουρητήριο

urinal

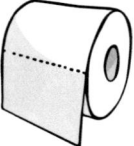

χαρτί υγείας

papel di w.c.

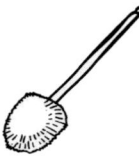

πιγκάλ

skeiro di w.c.

οδοντόβουρτσα

skeiro di djente

οδοντόκρεμα

pasta di djente

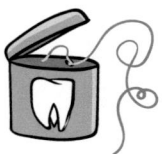

οδοντικό νήμα

dental floss

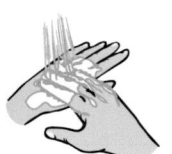

πλένω

laba

τηλέφωνο ντους

douche di man

ντουσιέρα

bidet

λεκάνη

tobo

βούρτσα πλάτης

skeiro

σαπούνι

habon

αφρόλουτρο

shower gel

σαμπουάν

shampoo

φανέλα

washandje

σιφόνι

drain

κρέμα

crema

αποσμητικό

desodorante

καθρέφτης

spiel

καθρέφτης χειρός

spiel di man

ξυραφάκι

blet

αφρός ξυρίσματος

shaving foam

αφτερσέιβ

aftershave

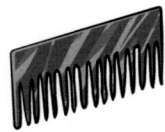

χτένα

peña

βούρτσα

skeiro

σεσουάρ

blower

λακ

spray pa cabey

μακιγιάζ

makeup

κραγιόν

lipstick

βερνίκι νυχιών

cos di pinta huña

βαμβάκι

catuna

ψαλίδι νυχιών

sker pa corta huña

άρωμα

perfume

νεσεσέρ

tas

σκαμπό

kruk

ζυγαριά

balansa

μπουρνούζι

bata

ελαστικά γάντια

handschoen

ταμπόν

tampon

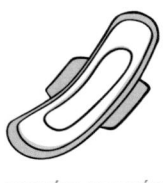

πετσέτα υγιεινής

kotex

χημική τουαλέτα

wc kimico

παιδικό δωμάτιο
camber di mucha

ξυπνητήρι
wekker
λούτρινο ζωάκι
peluche
αυτοκινητάκι
auto di hunga
κουδουνίστρα
maraca
κουκλόσπιτο
cas di popchi
δώρο
regalo

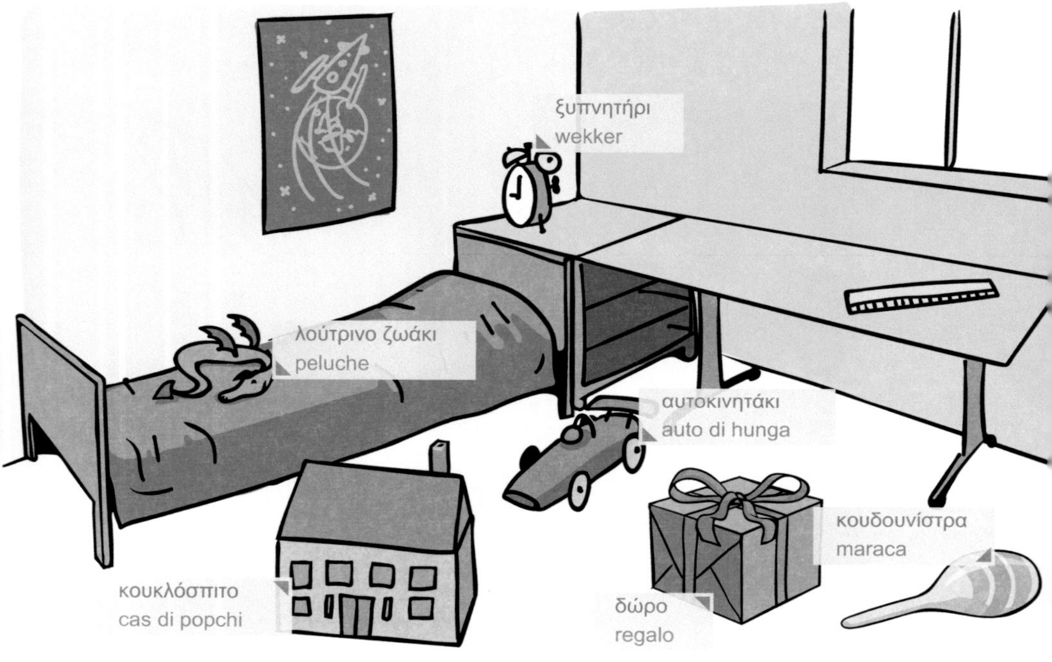

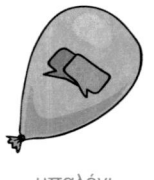

μπαλόνι

blaas

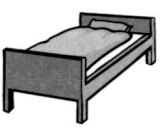

κρεβάτι

cama

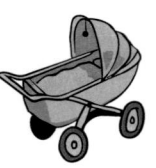

καροτσάκι

stroller

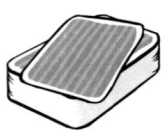

τράπουλα

baraha di carta

παζλ

puzzel

SUPER
MEGA

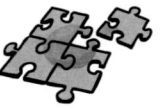

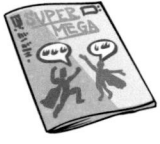

κόμικς

comic

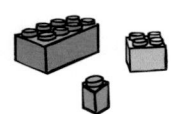

τουβλάκια lego

lego

τουβλάκια κατασκευών

bloki di hunga

φιγούρα δράσης

figura di accion

βρεφικό φορμάκι

romper

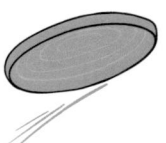

φρίσμπι

frisbee

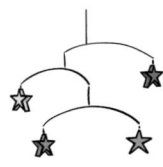

μόμπιλο

mobil

επιτραπέζιο παιχνίδι

wega di mesa

ζάρια

dou

σετ τρενάκι

set di trein

πιπίλα

chupon

πάρτι

fiesta

εικονογραφημένο βιβλίο

buki di prenchi

μπάλα

bala

κούκλα

popchi

παίζω

hunga

σκάμμα με άμμο

zandbak

κούνια

zoya

παιχνίδια

cos di hunga

κονσόλα βιντεοπαιχνιδιών

videogame

τρίκυκλο

tricycle

αρκουδάκι

beer

ντουλάπα

cashi di paña

ρούχα
paña

κάλτσες

mea

καλτσοδέτες

mea

καλσόν

pantyhose

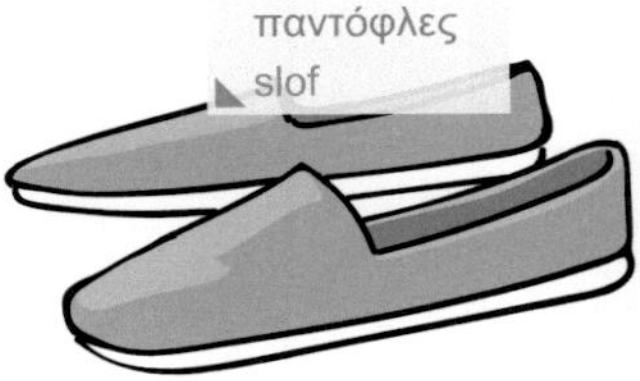

κασκόλ
sjaal

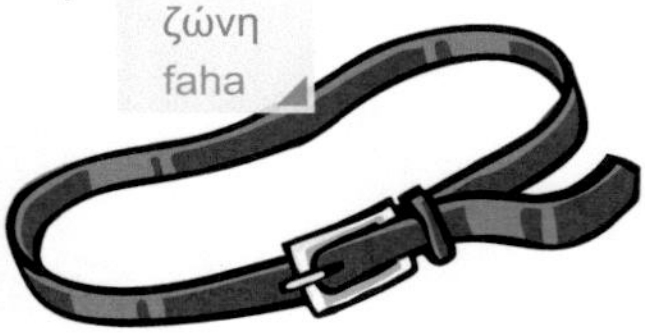

ζώνη
faha

ομπρέλα
paraplu

μπλουζάκι
T-shirt

μπότες
boots

παντόφλες
slof

αθλητικά παπούτσια
keds

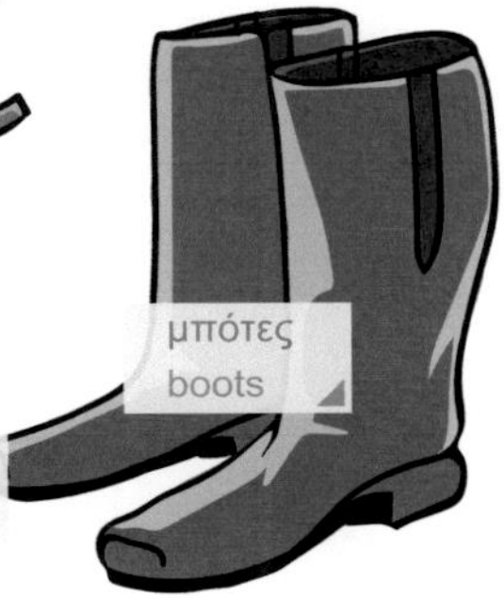

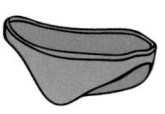

σανδάλια
sandalia

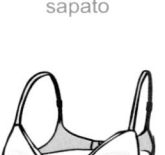

παπούτσια
sapato

γαλότσες
laars di rubber

εσώρουχο
carsonsio

σουτιέν
bh

φανέλα
flanel

σώμα

body

παντελόνι

carson

τζιν παντελόνι

jeans

φούστα

saya

μπλούζα

blusa

πουκάμισο

camisa

πουλόβερ

sweater

πουλόβερ

sweater

σακάκι

blazer

μπουφάν

jacket

παλτό

jas

αδιάβροχο πανωφόρι

regenjas

κοστούμι

flus

φόρεμα

shimis

νυφικό

shimis di bruid

κοστούμι

flus

νυχτικό

yapon

πιτζάμες

pidjama

σάρι

sari

μαντήλι

lenso di cabes

τουρμπάνι

turban

μπούρκα

burqa

καφτάνι

kaftan

μουσουλμανικό ένδυμα

abaya

ολόσωμο μαγιό

zwempak

ανδρικό μαγιό

zwembroek

σορτς

carson cortico

αθλητική φόρμα

trainingspak

ποδιά

lantera

γάντια

handschoen

κουμπί

boton

γυαλιά

bril

βραχιόλι

armband

περιδέραιο

cadena

δαχτυλίδι

renchi

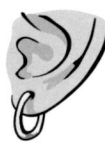

σκουλαρίκι

renchi di horea

καπέλο

pechi

κρεμάστρα

kapstok

καπέλο

sombre

γραβάτα

dashi

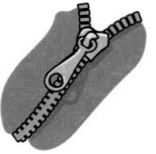

φερμουάρ

ziper

κράνος

helm

τιράντες

guiel

μαθητική στολή

uniform di scol

στολή

uniform

σαλιάρα

babado

πιπίλα

chupon

πάνα

bruki

γραφείο
oficina

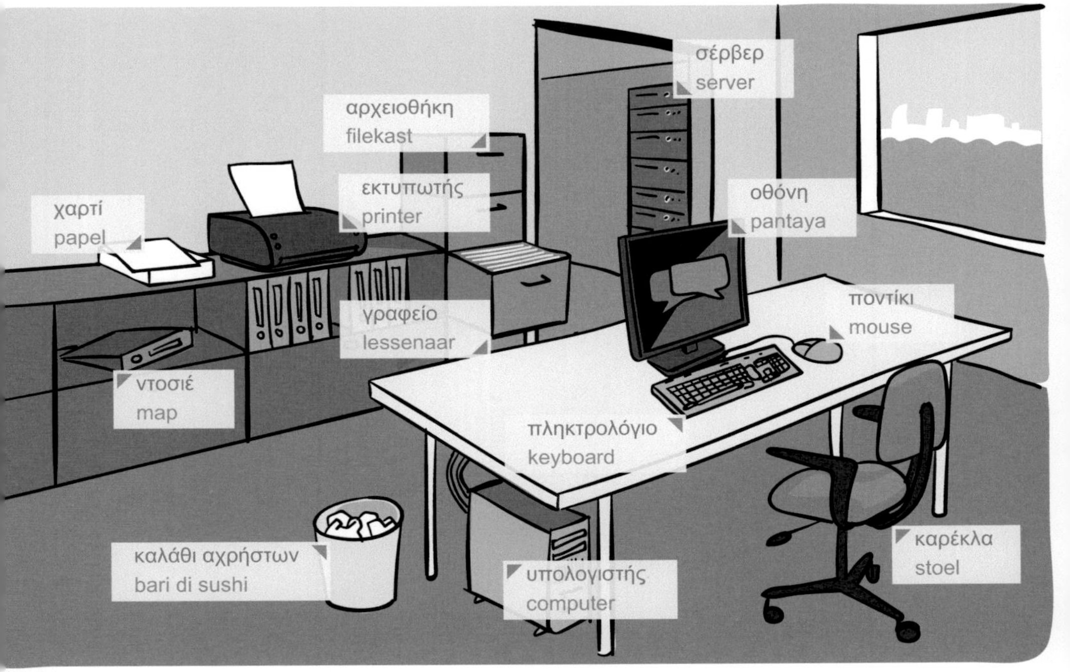

σέρβερ
server

αρχειοθήκη
filekast

χαρτί
papel

εκτυπωτής
printer

οθόνη
pantaya

γραφείο
lessenaar

ποντίκι
mouse

ντοσιέ
map

πληκτρολόγιο
keyboard

καλάθι αχρήστων
bari di sushi

καρέκλα
stoel

υπολογιστής
computer

κούπα του καφέ

copi pa bebe koffie

κομπιουτεράκι

calculator

ίντερνετ

internet

λάπτοπ

laptop

γράμμα

carta

μήνυμα

mensahe

κινητό

celular

δίκτυο

red

φωτοτυπικό μηχάνημα

mashin di copia

λογισμικό

software

τηλέφωνο

telefon

πρίζα

stopcontact

συσκευή φαξ

fax mashin

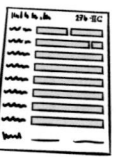

έντυπο

formulario

έγγραφο

documento

αγοράζω

cumpra

πληρώνω

paga

συναλλάσσομαι

negosha

χρήματα

placa

δολάριο

dollar

ευρώ

euro

γιεν

yen

ρούβλι

roebel

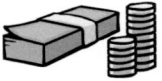

ελβετικό φράγκο

frank suiso

ρενμίνμπι γιουάν

yuan renminbi

ρουπία

roepi

ATM (αυτόματη ταμειακή μηχανή)

bancomatico

ανταλλακτήρια συναλλάγματος

oficina di cambio

χρυσός

oro

ασήμι

plata

πετρέλαιο

azeta

ενέργεια

energia

τιμή

prijs

συμβόλαιο

contract

φόρος

impuesto

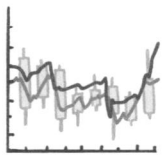

μετοχή

share

δουλεύω

traha

υπάλληλος

empleado

εργοδότης

dunado di trabou

εργοστάσιο

fabrica

κατάστημα

tienda

αστυνόμος
agente policial

πυροσβέστης
bombero

μάγειρας
coki

γιατρός
dokter

πιλότος
piloto

κηπουρός

hardinero

ξυλουργός

carpinte

μοδίστρα

cosedo

δικαστής

hues

χημικός

kimico

ηθοποιός

actor

οδηγός λεωφορείου

chauffeur di bus

ταξιτζής

chauffeur di taxi

ψαράς

piscado

καθαρίστρια

hende cu ta haci cas limpi

τεχνίτης στεγών

drechado di dak

σερβιτόρος

waiter

κυνηγός

jaagdo

ζωγράφος

verfdo

αρτοποιός

panadero

ηλεκτρολόγος

electricista

οικοδόμος

trahado den construccion

μηχανολόγος

ingeniero

κρεοπώλης

carnicero

υδραυλικός

loodgieter

ταχυδρόμος

partido di carta

στρατιώτης

solda

αρχιτέκτονας

arkitecto

ταμίας

cahero

ανθοπώλης

florista

κομμωτής

pelukero / pelukera

ελεγκτής εισιτηρίων

controlado di ticket

μηχανικός

mecanico

καπετάνιος

capitan

οδοντίατρος

dentista

επιστήμονας

cientifico

ραβίνος

rabbi

ιμάμης

imam

μοναχός

monk

ιερέας

pastor

εργαλεία
herment

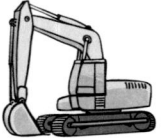

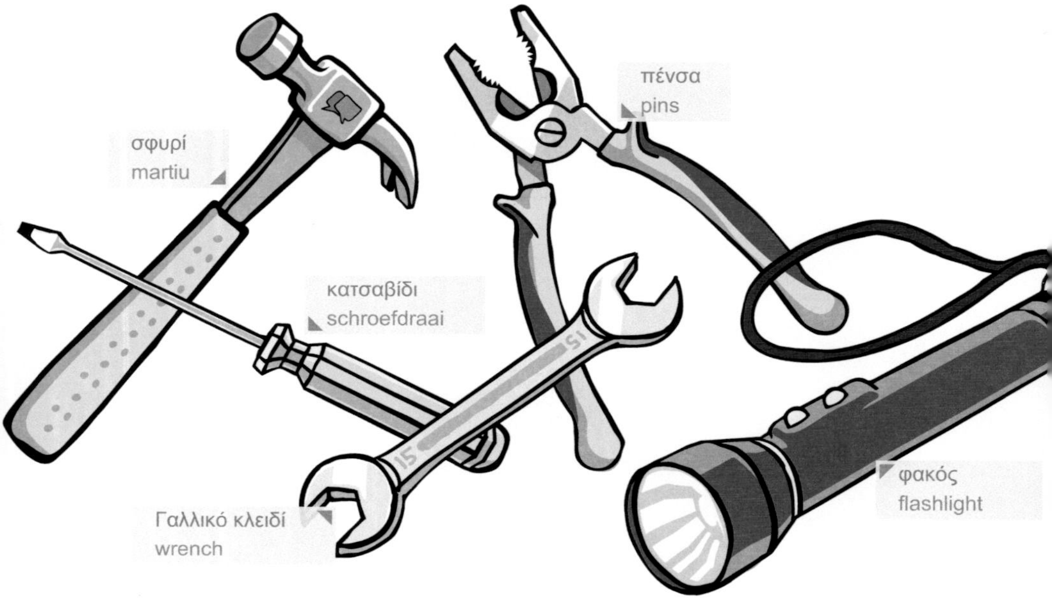
σφυρί
martiu
πένσα
pins
κατσαβίδι
schroefdraai
Γαλλικό κλειδί
wrench
φακός
flashlight

εκσκαφέας

bulldozer

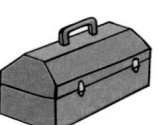

εργαλειοθήκη

caha di herment

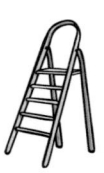

σκάλα

trapi

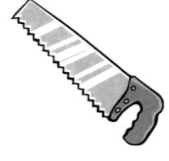

πριόνι

zaag

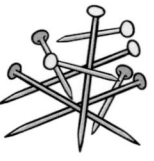

καρφιά

clabo

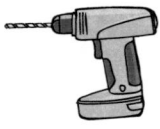

τρυπάνι

boormashin

επισκευάζω

drecha

φτυάρι

shobel

Να πάρει!

caraho!

φαράσι

scop

δοχείο χρωμάτων

bleki di verf

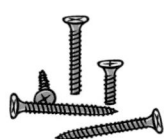

βίδες

schroef

μουσικά όργανα
instrumento musical

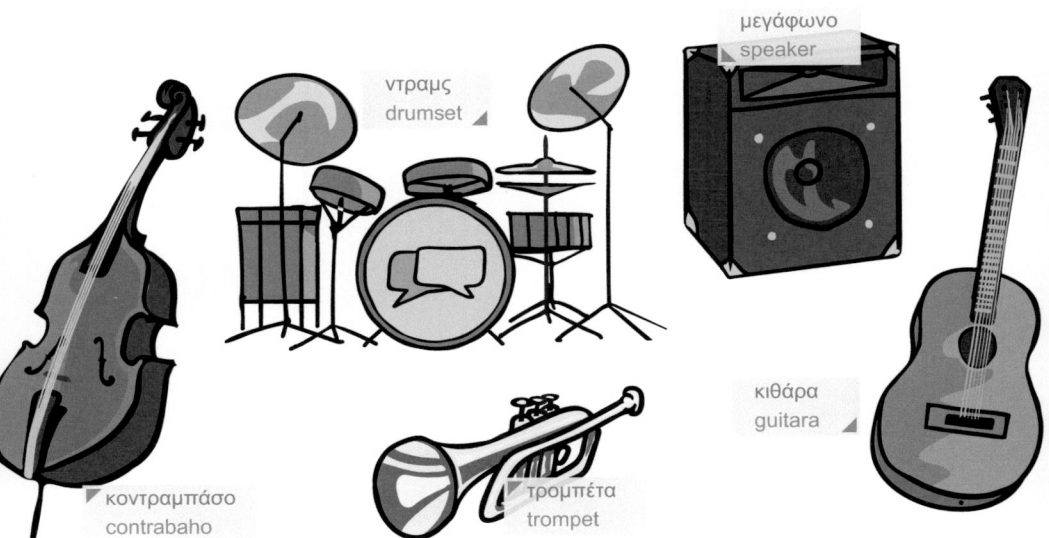

μεγάφωνο
speaker

ντραμς
drumset

κιθάρα
guitara

κοντραμπάσο
contrabaho

τρομπέτα
trompet

πιάνο	βιολί	μπάσο
piano	fio	baho

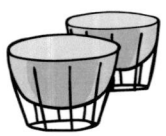		
τύμπανα	τύμπανο	πλήκτρα
timbal	tambu	keyboard

σαξόφωνο	φλάουτο	μικρόφωνο
saxofon	fluit	microfon

ζωολογικός κήπος

parke di bestia

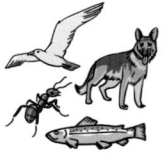

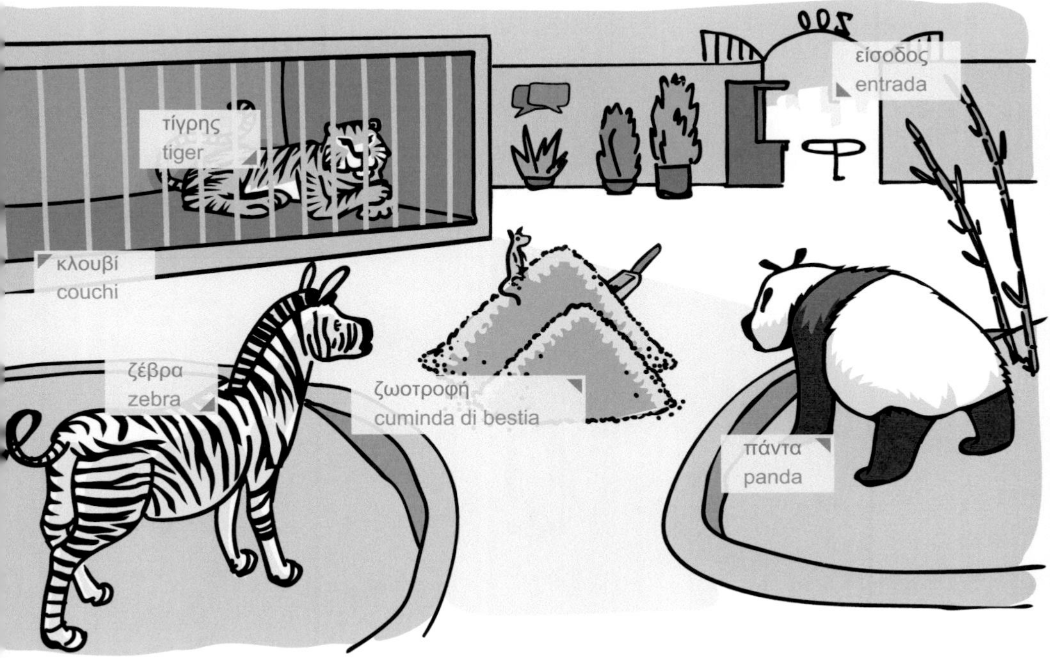

είσοδος
entrada
τίγρης
tiger
κλουβί
couchi
ζέβρα
zebra
ζωοτροφή
cuminda di bestia
πάντα
panda

ζώα
animal

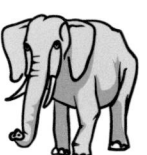

ελέφαντας
olifante

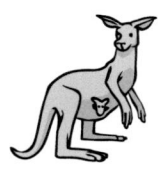

καγκουρό
cangaru

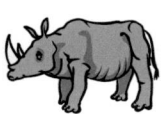

ρινόκερος
neushoorn

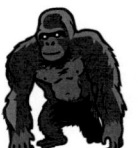

γορίλας
gorila

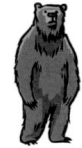

αρκούδα
beer

καμήλα

camel

στρουθοκάμηλος

avestruz

λιοντάρι

leon

πίθηκος

macaco

φλαμίνγκο

flamingo

παπαγάλος

lora

πολική αρκούδα

beer polar

πιγκουίνος

pinguin

καρχαρίας

tribon

παγώνι

pauwies

φίδι

colebra

κροκόδειλος

caiman

φύλακας ζωολογικού κήπου

cuidado di bestia

φώκια

cacho di awa

τζάγκουαρ

jaguar

πόνυ

pony

λεοπάρδαλη

leopardo

ιπποπόταμος

hipopotamo

καμηλοπάρδαλη

giraf

αετός

aguila

αγριογούρουνο

porco di mondi

ψάρι

pisca

χελώνα

turtuga

θαλάσσιος ίππος

walrus

αλεπού

vos

γαζέλα

gazelle

Αμερικάνικο ποδόσφαιρο
futbol Americano

ποδηλασία
ciclismo

αντισφαίριση
tennis

μπάσκετ
basketball

κολύμβηση
landamento

πυγχαμία
boxeo

χόκεϋ επί πάγου
ice hockey

ποδόσφαιρο

futbol

μπάντμιντον

badminton

στίβος

atletismo

χάντμπολ

handbal

σκι

ski

πόλο

polo

δραστηριότητες
actividad

γελάω
hari
πηδάω
bula
αγκαλιάζω
brasa
περπατάω
cana
τραγουδάω
canta
ονειρεύομαι
soña
προσεύχομαι
resa
φιλάω
sunchi

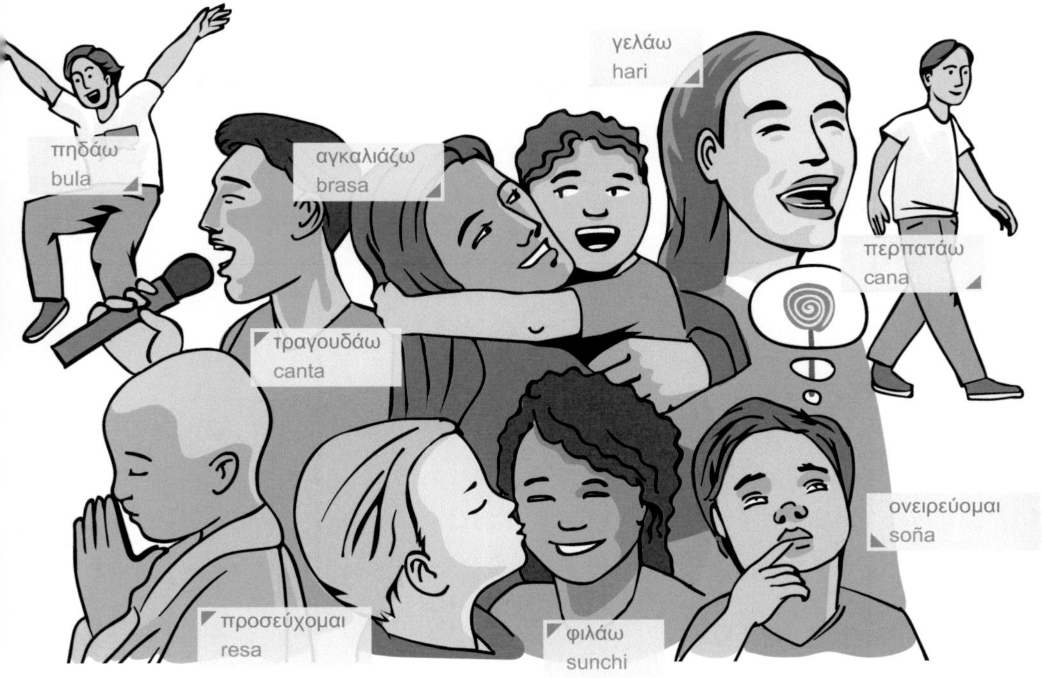

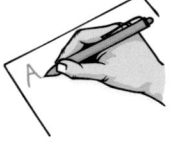

γράφω

skirbi

σχεδιάζω

pinta

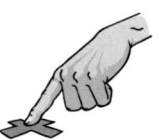

δείχνω

mustra

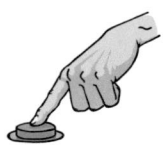

πιέζω

primi

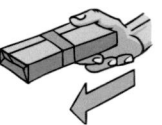

δίνω

duna

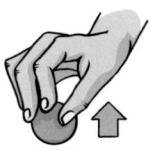

παίρνω

coy

έχω

tin

κάνω

haci

είμαι

ta

στέκομαι

para

τρέχω

core

τραβάω

ranca

ρίχνω

tira

πέφτω

cay

ξαπλώνω

drumi

περιμένω

warda

κουβαλώ

carga

κάθομαι

sinta

φοράω

bisti

κοιμάμαι

drumi

ξυπνάω

lanta fo'i soño

κοιτάω

mira

κλαίω

yora

χαϊδεύω

caricia

χτενίζω

peña

μιλάω

papia

καταλαβαίνω

compronde

ρωτάω

puntra

ακούω

scucha

πίνω

bebe

τρώω

come

συγυρίζω

ruim op

αγαπάω

stima

μαγειρεύω

cushna

οδηγώ

bai

πετάω

bula

κάνω ιστιοπλοΐα

zeilo

υπολογίζω

conta

διαβάζω

lesa

μαθαίνω

siña

δουλεύω

traha

παντρεύομαι

casa

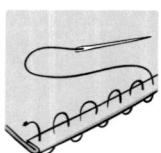

ράβω

cose

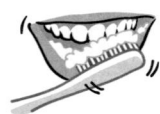

βουρτσίζω τα δόντια

skeiro djente

σκοτώνω

mata

καπνίζω

huma

στέλνω

manda

οικογένεια
famia

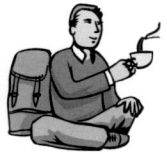

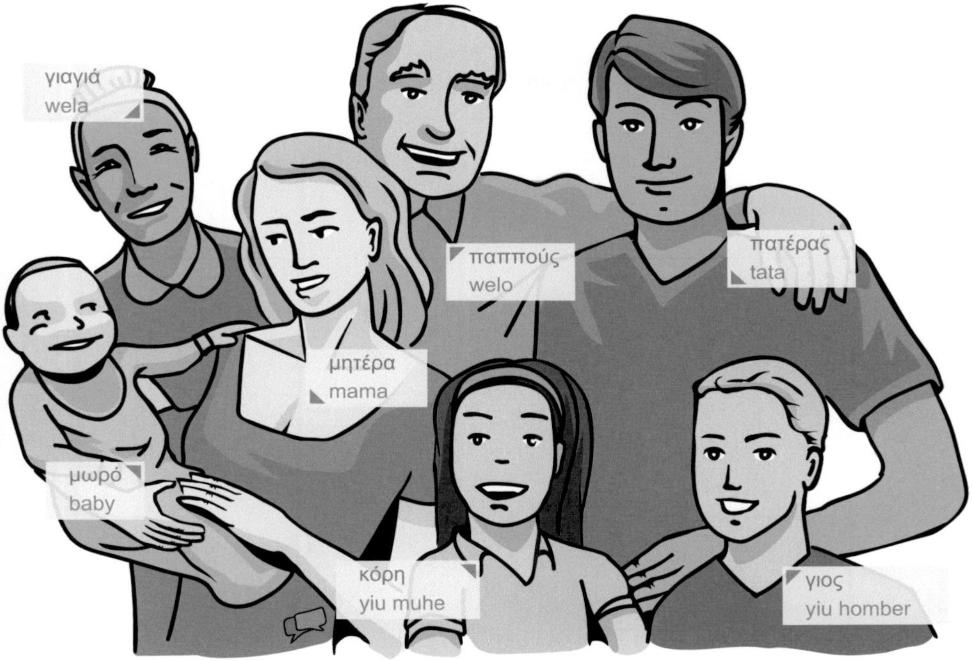
γιαγιά
wela
παππούς
welo
πατέρας
tata
μητέρα
mama
μωρό
baby
κόρη
yiu muhe
γιος
yiu homber

καλεσμένος

huesped

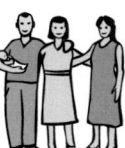

θεία

tanta

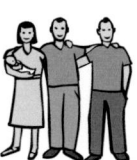

θείος

omo

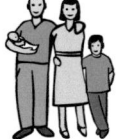

αδελφός

ruman homber

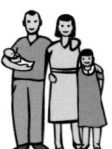

αδελφή

ruman muhe

σώμα

curpa

μέτωπο
frenta
μάτι
wowo
ώμος
schouder
δάχτυλο
dede
πρόσωπο
cara
πιγούνι
cachete
χέρι
man
στήθος
pecho
πόδι
pia
βραχίονας
brasa

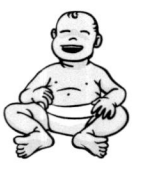

μωρό

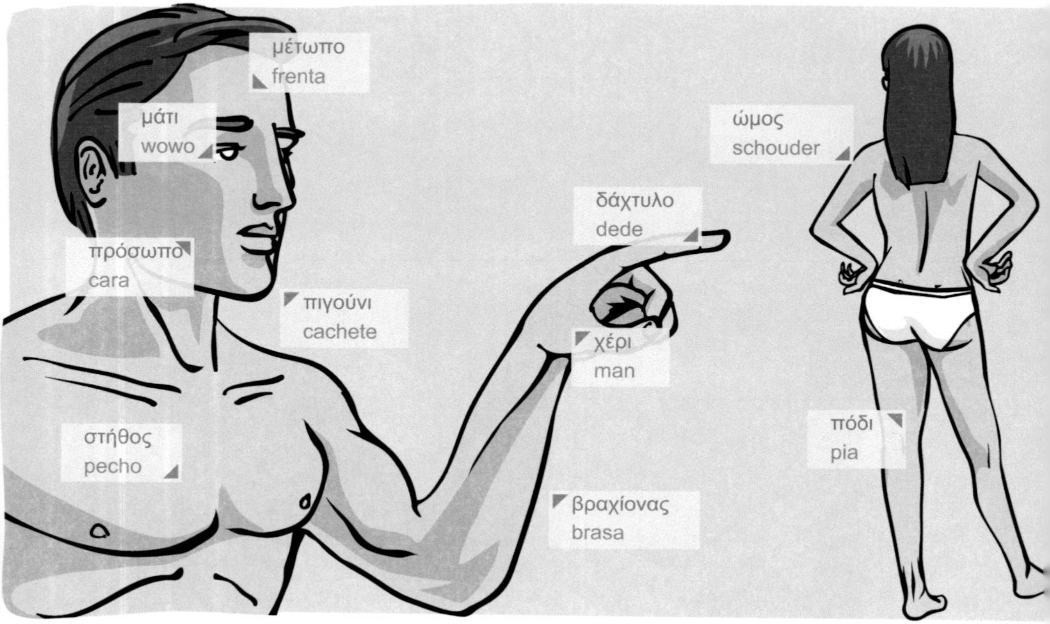

baby

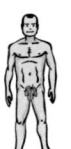

άνδρας

homber

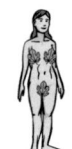

γυναίκα

muhe

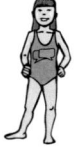

κορίτσι

mucha muhe

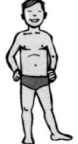

αγόρι

mucha homber

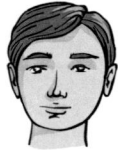

κεφάλι

cabes

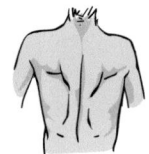

πλάτη

lomba

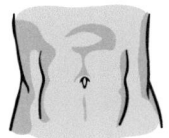

κοιλιά

bariga

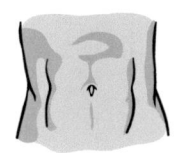

αφαλός

lombrishi

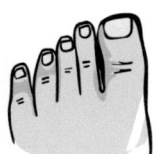

δάχτυλο ποδιού

dede di pia

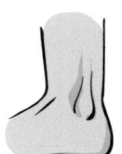

φτέρνα

hilchi

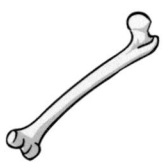

κόκκαλο

weso

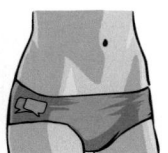

γοφός

heup

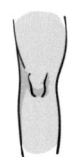

γόνατο

rudia

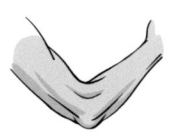

αγκώνας

elleboog

μύτη

nanishi

γλουτός

chanchan

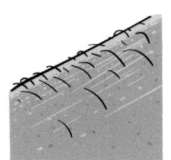

δέρμα

cuero

μάγουλο

wang

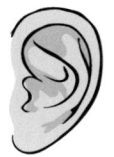

αυτί

horea

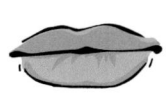

χείλος

lip

στόμα

boca

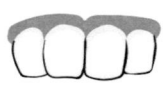

δόντι

djente

γλώσσα

lenga

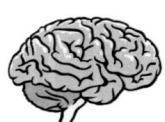

εγκέφαλος

celebro

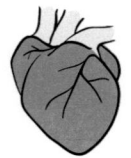

καρδιά

curason

μυς

musculo

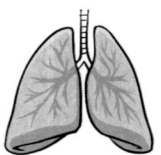

πνεύμονας

pulmon

συκώτι

higra

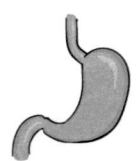

στομάχι

stoma

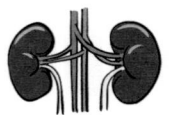

νεφρά

nier

σεξουαλική επαφή

sex

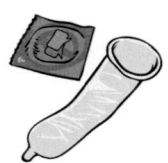

προφυλακτικό

condon

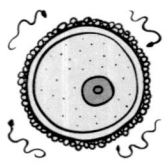

ωάριο

ovulo

σπέρμα

sperma

εγκυμοσύνη

embaraso

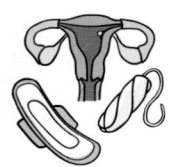

περίοδος

menstruacion

γυναικείος κόλπος

vagina

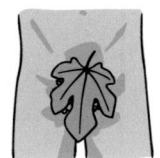

πέος

penis

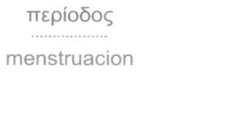

φρύδι

wenkbrauw

μαλλιά

cabey

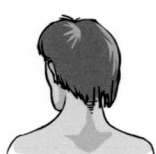

λαιμός

nek

νοσοκομείο
hospital

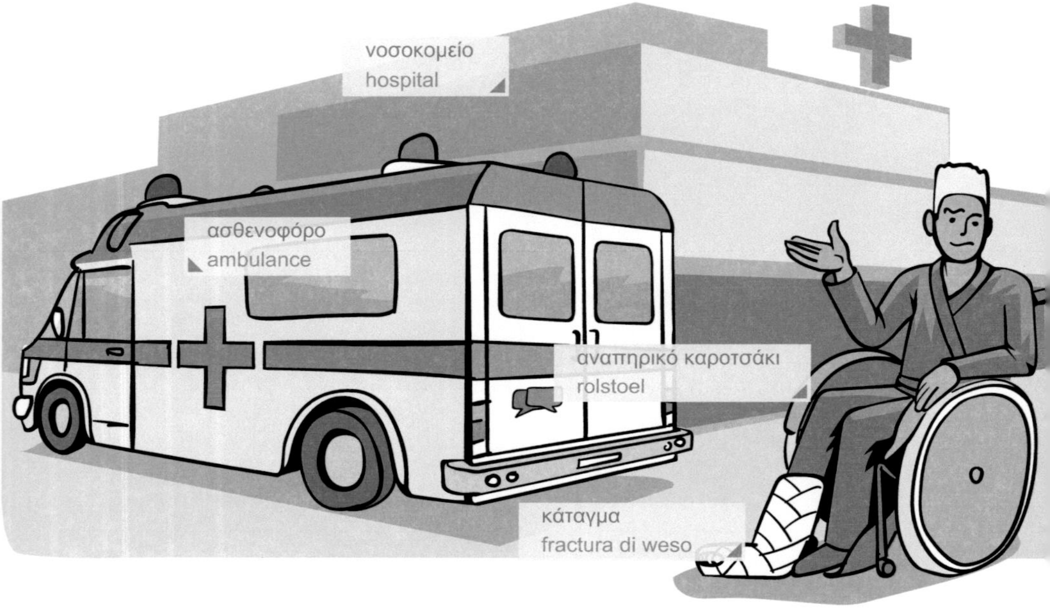

νοσοκομείο
hospital
ασθενοφόρο
ambulance
αναπηρικό καροτσάκι
rolstoel
κάταγμα
fractura di weso

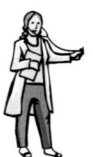

γιατρός

dokter

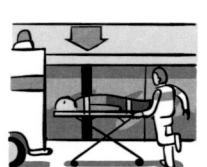

μονάδα εντατικής θεραπείας

EHBO (prome asistencia/eerste hulp)

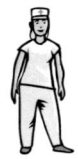

νοσοκόμα

nurse

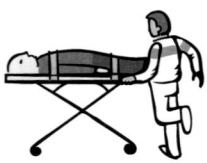

έκτακτη ανάγκη

caso di emergencia

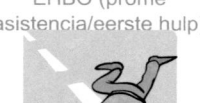

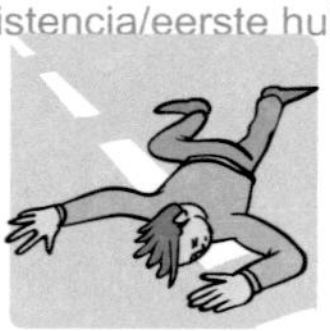

λιπόθυμος

fo'i tino

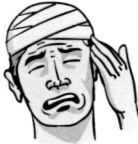

πόνος

dolor

τραύμα

lesion

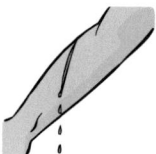

αιμορραγία

sangramento

έμφραγμα

ataca di curason

εγκεφαλικό

ataca celebral

αλλεργία

alergia

βήχας

tosa

πυρετός

keintura

γρίπη

griep

διάρροια

diarea

πονοκέφαλος

dolor di cabes

καρκίνος

cancer

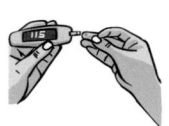

διαβήτης

diabetes

χειρουργός

ciruhano

νυστέρι

scalpel

εγχείρηση

operacion

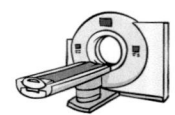

αξονική τομογραφία

CT

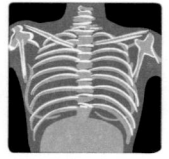

ακτινογραφία

x-ray

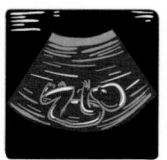

υπέρηχος

echo

μάσκα

masker contra stof

ασθένεια

malesa

αίθουσα αναμονής

sala di espera

πατερίτσα

kruk

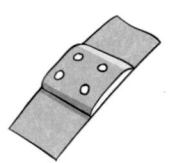

χάνσαπλαστ

pleister

επίδεσμος

verband

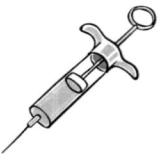

ένεση

inyeccion

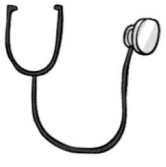

στηθοσκόπιο

stetoscop

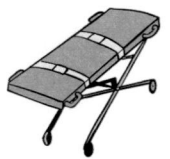

φορείο

brancard

θερμόμετρο

thermometer

γέννηση

nacemento

υπέρβαρο

sobrepeso

ακουστικό βαρηκοΐας

aparato pa oido

αντισηπτικό

desinfectante

λοίμωξη

infeccion

ιός

virus

HIV/AIDS

HIV / AIDS

φάρμακο

remedi

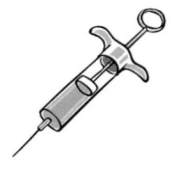

εμβολιασμός

vacuna

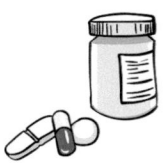

δισκία

pilder

χάπι

pilder

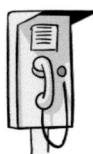

κλήση έκτακτης ανάγκης

yamada di emergencia

πιεσόμετρο αίματος

aparato pa midi presion

άρρωστος / υγιής

malo / saludabel

Βοήθεια!

auxilio!

συναγερμός

alarma

βιαιοπραγία

atraco

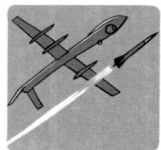

επίθεση

atake

κίνδυνος

peliger

έξοδος κινδύνου

salida di emergencia

Φωτιά!

candela

πυροσβεστήρας

brandspuit

ατύχημα

desgracia

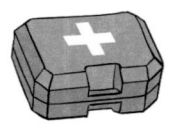

κουτί πρώτων βοηθειών

caha di prome asistencia

SOS

SOS

αστυνομία

polis

Ευρώπη

Europa

Βόρεια Αμερική

Noord America

Νότια Αμερική

Sur America

Αφρική

Africa

Ασία

Asia

Αυστραλία

Australia

Ατλαντικός Ωκεανός

Oceano Atlantico

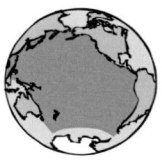

Ειρηνικός Ωκεανός

Oceano Pacifico

Ινδικός Ωκεανός

Oceano Indio

Ανταρκτικός Ωκεανός

Oceano Antartico

Αρκτικός Ωκεανός

Oceano Artico

Βόρειος Πόλος

Noordpool

Νότιος Πόλος

Zuidpool

Ανταρκτική

Antartica

Γη

mundo

γη

tera

θάλασσα

lama

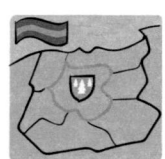

νησί

isla

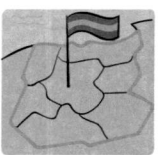

έθνος

nacion

πολιτεία

estado

κανταράν ρολογιού

holoshi analog

ωροδείκτης

wijzer chikito

λεπτοδείκτης

wijzer grandi

δείκτης δευτερολέπτων

wijzer di seconde

Τι ώρα είναι;

Cuant'or tin?

ημέρα

dia

χρόνος

tempo

τώρα

awor

ψηφιακό ρολόι

holoshi digital

λεπτό

minuut

ώρα

ora

εβδομάδα
siman

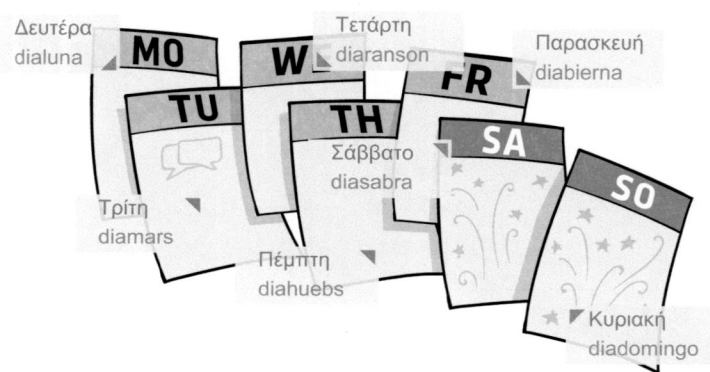

Δευτέρα — dialuna
Τρίτη — diamars
Τετάρτη — diaranson
Πέμπτη — diahuebs
Παρασκευή — diabierna
Σάββατο — diasabra
Κυριακή — diadomingo

χθες
ayera

σήμερα
awe

αύριο
mañan

πρωί
mainta

μεσημέρι
merdia

βράδυ
anochi

εργάσιμες ημέρες
dia di trabou

Σαββατοκύριακο
weekend

βροχή
awacero

ουράνιο τόξο
arco iris

χιόνι
sneeuw

άνεμος
biento

άνοιξη
lente

φθινόπωρο
herfst

καλοκαίρι
zomer

χειμώνας
winter

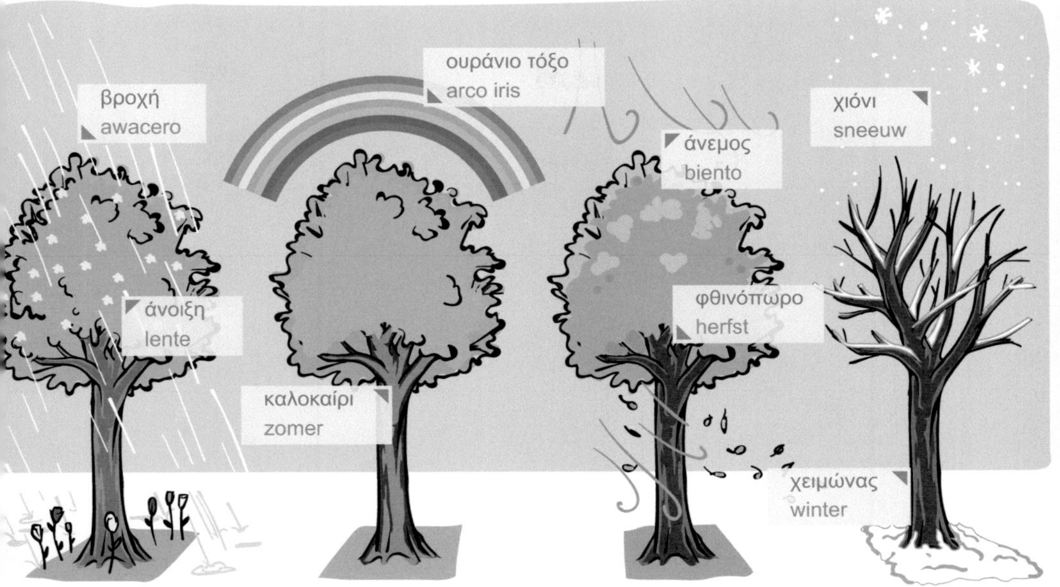

πρόγνωση καιρού

pronostico di tempo

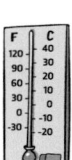

θερμόμετρο

thermometer

λιακάδα

solo ta briya

σύννεφο

nubia

ομίχλη

neblina

υγρασία

humedad

αστραπή

lamper

κεραυνός

strena

καταιγίδα

mal tempo

χαλάζι

hagel

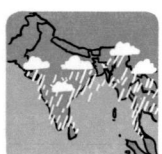

μουσώνας

mal tempo

πλημμύρα

inundacion

πάγος

ijs

Ιανουάριος

januari

Φεβρουάριος

februari

Μάρτιος

maart

Απρίλιος

april

Μάιος

mei

Ιούνιος

juni

Ιούλιος

juli

Αύγουστος

augustus

Σεπτέμβριος

september

Οκτώβριος

october

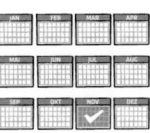

Νοέμβριος

november

Δεκέμβριος

december

κύκλος

circulo

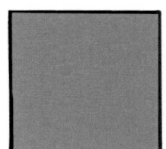

τετράγωνο

cuadra

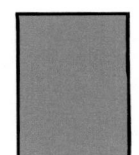

ορθογώνιο
παραλληλόγραμμο
rectangulo

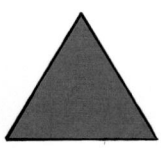

τρίγωνο

triangulo

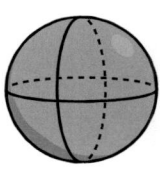

σφαίρα

bol

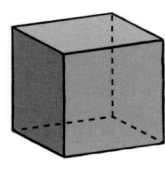

κύβος

kubus

άσπρο

blanco

κίτρινο

geel

πορτοκαλί

oraño

ροζ

ros

κόκκινο

cora

μωβ

biña

μπλε

blauw

πράσινο

berde

καφέ

bruin

γκρι

shinishi

μαύρο

preto

πολύ / λίγο

hopi / tiki

θυμωμένος / ήρεμος

rabia / trankil

όμορφος / άσχημος

bunita / mahos

αρχή / τέλος

comienso / final

μεγάλος / μικρός

grandi / chikito

φωτεινός / σκοτεινός

cla / scur

αδελφός / αδελφή

ruman homber / ruman muhe

καθαρός / λερωμένος

limpi / sushi

πλήρης / ατελής

completo / incompleto

ημέρα / νύχτα

dia / anochi

νεκρός / ζωντανός

morto / bibo

φαρδύς / στενός

hancho / smal

βρώσιμος / μη βρώσιμος

comibel / incomibel

κακός / ευγενικός

mal hende / bon hende

ενθουσιασμένος /
βαριεστημένος

ansioso / ferfela bo mes

παχύς / λεπτός

gordo / flaco

πρώτος / τελευταίος

prome / ultimo

φίλος / εχθρός

amigo / enemigo

γεμάτος / άδειος

yen / bashi

σκληρός / μαλακός

duro / moli

βαρύς / ελαφρύς

pisa / lihe

πείνα / δίψα

hamber / sed

άρρωστος / υγιής

malo / saludabel

παράνομος / νόμιμος

ilegal / legal

έξυπνος / χαζός

inteligente / sabi

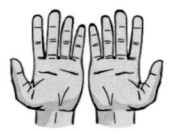

αριστερός / δεξιός

robes / drechi

κοντινός / μακρινός

cerca / leu

αντίθετα - contrario

καινούριος / μεταχειρισμένος

nobo / uza

τίποτα / κάτι

nada / algo

γέρος | νέος

bieu / jong

αναμμένος / σβηστός

cendi / paga

ανοιχτός / κλειστός

habri / cera

χαμηλόφωνος / μεγαλόφωνος
keto / duro

πλούσιος / φτωχός

rico / pober

σωστός / λανθασμένος

bon / fout

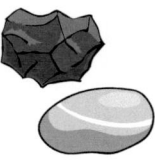

τραχύς / λείος

grof / liso

λυπημένος / χαρούμενος

tristo / contento

κοντός / μακρύς

cortico / largo

αργός / γρήγορος

pocopoco / lihe

υγρός / στεγνός

muha / seco

ζεστός / δροσερός

cayente / friu

πόλεμος / ειρήνη

guera / paz

αντίθετα - contrario

0

μηδέν

cero

1

ένα

un

2

δύο

dos

3

τρία

tres

4

τέσσερα

cuater

5

πέντε

cinco

6

έξι

seis

7

εφτά

shete

8

οκτώ

ocho

9

εννιά

nuebe

10

δέκα

dies

11

έντεκα

diesun

12

δώδεκα
diesdos

13

δεκατρία
diestres

14

δεκατέσσερα
diescuatro

15

δεκαπέντε
diescinco

16

δεκαέξι
diesseis

17

δεκαεφτά
diesshete

18

δεκαοκτώ
diesocho

19

δεκαεννέα
diesnuebe

20

είκοσι
binti

100

εκατό
shen

1.000

χίλια
mil

1.000.000

εκατομμύριο
miyon

Αγγλικά

Ingles

Αμερικάνικα Αγγλικά

Ingles Mericano

Μανδαρίνικα Κινέζικα

Chines Mandarin

Χίντι

Hindi

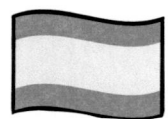

Ισπανικά

Spaño

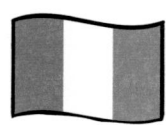

Γαλλικά

Frances

Αραβικά

Arabe

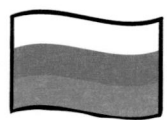

Ρώσικα

Ruso

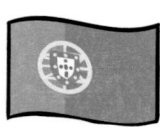

Πορτογαλικά

Portugues

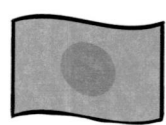

Μπενγκάλι

Bengal

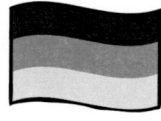

Γερμανικά

Aleman

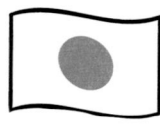

Ιαπωνικά

Hapones

εγώ

ami

εσύ

abo

αυτός / αυτή / αυτό

e

εμείς

nos

εσείς

boso

αυτοί / αυτές / αυτά

nan

ποιος / ποια / ποιο;

ken?

τι;

kico?

πώς;

con?

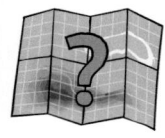

πού;

unda?

πότε;

ki ora?

όνομα

nomber

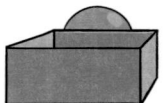

πίσω

patras

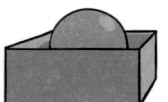

μέσα

den

μπροστά

dilanti di

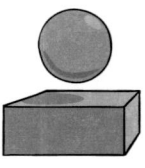

πάνω από

ariba

πάνω

riba

κάτω

bou di

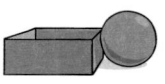

δίπλα

banda di

ανάμεσα

entre

μέρος

luga